GOSCINNY ET UDERZO
PRÉSENTENT
UNE AVENTURE D'ASTÉRIX

ASTÉRIX
CHEZ LES BRETONS

Texte de **René GOSCINNY**   Dessins d'**Albert UDERZO**

H⊞ HACHETTE
HACHETTE LIVRE - 43, quai de Grenelle, 75905 Paris Cedex 15

www.asterix.com

AVEZ-VOUS TOUT LU ?

LES ALBUMS D'ASTÉRIX LE GAULOIS

AUX ÉDITIONS HACHETTE
LES AVENTURES D'ASTÉRIX LE GAULOIS

1　ASTÉRIX LE GAULOIS
2　LA SERPE D'OR
3　ASTÉRIX ET LES GOTHS
4　ASTÉRIX GLADIATEUR
5　LE TOUR DE GAULE D'ASTÉRIX
6　ASTÉRIX ET CLÉOPÂTRE
7　LE COMBAT DES CHEFS
8　ASTÉRIX CHEZ LES BRETONS
9　ASTÉRIX ET LES NORMANDS
10　ASTÉRIX LÉGIONNAIRE
11　LE BOUCLIER ARVERNE
12　ASTÉRIX AUX JEUX OLYMPIQUES
13　ASTÉRIX ET LE CHAUDRON
14　ASTÉRIX EN HISPANIE
15　LA ZIZANIE
16　ASTÉRIX CHEZ LES HELVÈTES
17　LE DOMAINE DES DIEUX
18　LES LAURIERS DE CÉSAR
19　LE DEVIN
20　ASTÉRIX EN CORSE
21　LE CADEAU DE CÉSAR
22　LA GRANDE TRAVERSÉE
23　OBÉLIX ET COMPAGNIE
24　ASTÉRIX CHEZ LES BELGES

ALBUM DE FILM
LES DOUZE TRAVAUX D'ASTÉRIX

AUX ÉDITIONS ALBERT RENÉ
LES AVENTURES D'ASTÉRIX LE GAULOIS

25　LE GRAND FOSSÉ
26　L'ODYSSÉE D'ASTÉRIX
27　LE FILS D'ASTÉRIX
28　ASTÉRIX CHEZ RAHÀZADE
29　LA ROSE ET LE GLAIVE
30　LA GALÈRE D'OBÉLIX
31　ASTÉRIX ET LATRAVIATA

ASTÉRIX ET LA RENTRÉE GAULOISE

HORS COLLECTION
LE LIVRE D'ASTÉRIX LE GAULOIS
LA GALÈRE D'OBÉLIX
ASTÉRIX ET LATRAVIATA - L'ALBUM DES CRAYONNÉS

ALBUMS DE FILM
LA SURPRISE DE CÉSAR
LE COUP DU MENHIR
ASTÉRIX ET LES INDIENS

ALBUM ILLUSTRÉ
COMMENT OBÉLIX EST TOMBÉ DANS LA MARMITE
DU DRUIDE QUAND IL ÉTAIT PETIT

DES MÊMES AUTEURS AUX ÉDITIONS ALBERT RENÉ

LES AVENTURES D'OUMPAH-PAH LE PEAU-ROUGE

OUMPAH-PAH LE PEAU-ROUGE
OUMPAH-PAH SUR LE SENTIER DE LA GUERRE / OUMPAH-PAH ET LES PIRATES
OUMPAH-PAH ET LA MISSION SECRÈTE / OUMPAH-PAH CONTRE FOIE-MALADE

LES AVENTURES DE JEHAN PISTOLET

JEHAN PISTOLET, CORSAIRE PRODIGIEUX
JEHAN PISTOLET, CORSAIRE DU ROY
JEHAN PISTOLET ET L'ESPION
JEHAN PISTOLET EN AMÉRIQUE

Dépôt légal : 87578 - Mai 2007 - Édition 05 - ISBN 978-2-01-210140-1
Imprimé en France par *Clerc*, relié par *Brun*.

Loi n° 49-956 du 16 juillet 1949 sur les publications destinées à la jeunesse.

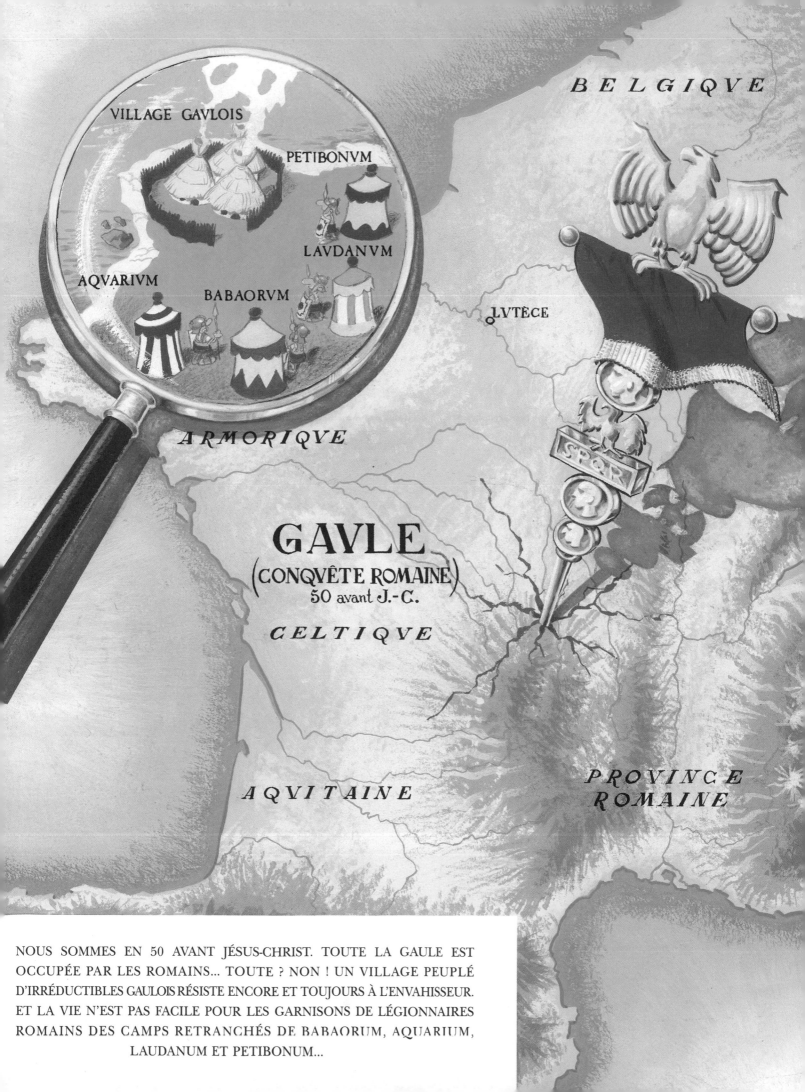

NOUS SOMMES EN 50 AVANT JÉSUS-CHRIST. TOUTE LA GAULE EST
OCCUPÉE PAR LES ROMAINS... TOUTE ? NON ! UN VILLAGE PEUPLÉ
D'IRRÉDUCTIBLES GAULOIS RÉSISTE ENCORE ET TOUJOURS À L'ENVAHISSEUR.
ET LA VIE N'EST PAS FACILE POUR LES GARNISONS DE LÉGIONNAIRES
ROMAINS DES CAMPS RETRANCHÉS DE BABAORUM, AQUARIUM,
LAUDANUM ET PETIBONUM...

ASTÉRIX, LE HÉROS DE CES AVENTURES. PETIT GUERRIER À L'ESPRIT MALIN, À L'INTELLIGENCE VIVE, TOUTES LES MISSIONS PÉRILLEUSES LUI SONT CONFIÉES SANS HÉSITATION. ASTÉRIX TIRE SA FORCE SURHUMAINE DE LA POTION MAGIQUE DU DRUIDE PANORAMIX...

OBÉLIX EST L'INSÉPARABLE AMI D'ASTÉRIX. LIVREUR DE MENHIRS DE SON ÉTAT, GRAND AMATEUR DE SANGLIERS ET DE BELLES BAGARRES. OBÉLIX EST PRÊT À TOUT ABANDONNER POUR SUIVRE ASTÉRIX DANS UNE NOUVELLE AVENTURE. IL EST ACCOMPAGNÉ PAR IDÉFIX, LE SEUL CHIEN ÉCOLOGISTE CONNU, QUI HURLE DE DÉSESPOIR QUAND ON ABAT UN ARBRE.

PANORAMIX, LE DRUIDE VÉNÉRABLE DU VILLAGE, CUEILLE LE GUI ET PRÉPARE DES POTIONS MAGIQUES. SA PLUS GRANDE RÉUSSITE EST LA POTION QUI DONNE UNE FORCE SURHUMAINE AU CONSOMMATEUR. MAIS PANORAMIX A D'AUTRES RECETTES EN RÉSERVE...

ASSURANCETOURIX, C'EST LE BARDE. LES OPINIONS SUR SON TALENT SONT PARTAGÉES : LUI, IL TROUVE QU'IL EST GÉNIAL, TOUS LES AUTRES PENSENT QU'IL EST INNOMMABLE. MAIS QUAND IL NE DIT RIEN, C'EST UN GAI COMPAGNON, FORT APPRÉCIÉ...

ABRARACOURCIX, ENFIN, EST LE CHEF DE LA TRIBU. MAJESTUEUX, COURAGEUX, OMBRAGEUX, LE VIEUX GUERRIER EST RESPECTÉ PAR SES HOMMES, CRAINT PAR SES ENNEMIS. ABRARACOURCIX NE CRAINT QU'UNE CHOSE : C'EST QUE LE CIEL LUI TOMBE SUR LA TÊTE, MAIS COMME IL LE DIT LUI-MÊME : « C'EST PAS DEMAIN LA VEILLE ! »

SUR LE MARE BRITANNICUM, BRAS DE MER QUI SÉPARE LA BRETAGNE DU CONTINENT, UN NAVIRE PIRATE NAVIGUE AVEC PRUDENCE...

BIEN ! NOUS AVONS PU FAIRE SUFFISAMMENT D'ÉCONOMIES POUR ACHETER CE BATEAU, MAIS FAISONS ATTENTION ; MÉFIONS-NOUS DES GAULOIS !

BRETAGNE
LONDINIUM
MARE BRITANNICUM
PORTUS ITIUS
GAULE

NAVI' À BÂBO'D !

SONT-CE DES GAULOIS, PAR TOUTATIS ?...

NON ! SONT-CE DES 'OMAINS PA' JUPITE' !

PARFAIT, PARFAIT ! HYARRGH ! HYARRGH ! HYARRGH !...

ÉNO'MÉMENT DE 'OMAINS ! LA ME' EST COUVE'TE DE 'OMAINS !

?!?

MAIS ?... MAIS ?... FUYONS !

TROP TARD !...

B ' ' ' ' ' ' ' ' ' ' ' ! ELLE EST F'OIDE !

O FORTUNATOS NIMIUM, SUA SI BONA NORINT AGRICOLAS !

AU LIEU DE FAIRE DES CALEMBOURS FACILES, GARÇON, J'AIMERAIS MIEUX QUE TU ME DISES CE QUE C'ÉTAIT QUE ÇA !...

ÇA, C'ÉTAIT TOUT SIMPLEMENT JULES CÉSAR ALLANT ENVAHIR LA BRETAGNE, AVEC TOUTE SA FLOTTE ET TOUTE SON ARMÉE !

LA BRETAGNE AVAIT SOUVENT AIDÉ LA GAULE DANS SA LUTTE CONTRE LES ROMAINS. AUSSI, APRÈS AVOIR VAINCU LES GAULOIS, JULES CÉSAR DÉCIDE DE S'EMBARQUER À PORTUS ITIUS (BOULOGNE) POUR ENVAHIR LA GRANDE ÎLE.

LES BRETONS RESSEMBLAIENT AUX GAULOIS ET BEAUCOUP D'ENTRE EUX ÉTAIENT LES DESCENDANTS DES TRIBUS VENUES DE GAULE POUR S'INSTALLER EN BRETAGNE. ILS PARLAIENT LA MÊME LANGUE QUE LES GAULOIS, MAIS AVAIENT UNE FAÇON UN PEU SPÉCIALE DE S'EXPRIMER...

BONTÉ GRACIEUSE ! CE SPECTACLE EST SURPRENANT !

IL EST, N'EST-IL PAS ?...

LES BRETONS ÉTAIENT COMMANDÉS PAR LE CHEF CASSIVELLAUNOS.

MAIS LES BRETONS, MALGRÉ TOUTE LEUR BRAVOURE, AVAIENT D'ÉTRANGES COUTUMES QUI NUISAIENT À L'EFFICACITÉ DE LEURS ARMES...

AOH ! JE PENSE QU'IL VA ÊTRE L'HEURE N'EST-IL PAS ?

L'HEURE ?... L'HEURE DE QUOI ?

BANG !

JE DEMANDE VOTRE PARDON. NOUS CONTINUERONS PLUS TARD.

MAIS OÙ VONT-ILS, PAR JUPITER ?

JE NE SAIS PAS, PAR MERCURE ! ILS NOUS LAISSENT TOMBER EN PLEIN COMBAT. ÇA NE SE FAIT PAS, ÇA !

2A

... ILS S'ARRÊTAIENT TOUS LES JOURS À 5 HEURES, POUR BOIRE DE L'EAU CHAUDE...

JE PRENDRAI UN NUAGE DE LAIT, JE VOUS PRIE.

S'IL VOUS PLAÎT, FAITES !

PUIS-JE AVOIR DE LA MARMELADE POUR LES RÔTIES ?

SÛR, VOUS POUVEZ !

ET EN PLUS, ILS S'ARRÊTAIENT DEUX JOURS TOUS LES CINQ JOURS...

FIN DE SEMAINE. DÉSOLÉ !...

MAIS ILS M'AGACENT À LA FIN !!!

JULES CÉSAR, FIN STRATÈGE, DÉCIDA ALORS DE NE LIVRER BATAILLE QUE VERS CINQ HEURES TOUS LES JOURS ET TOUTE LA JOURNÉE LES JOURS DE REPOS DES BRETONS...

AOH ! CHOQUANT. CE NE SONT PAS DES GENTILS HOMMES.

À L'ATTAQUE PAR JUNON !

ET BIENTÔT, CASSIVELLAUNOS DOIT SE SOUMETTRE ET TOUTE LA BRETAGNE EST OCCUPÉE...

2B

TOUTE ? NON ! CAR UN VILLAGE RÉSISTE ENCORE À L'ENVAHISSEUR. UN PETIT VILLAGE DANS LE CANTIUM...

LE PETIT VILLAGE QUI RÉSISTE VICTORIEUSEMENT AUX ASSAUTS ROMAINS EST PEUPLÉ DE BRETONS TEIGNEUX, SOUS LES ORDRES DU CHEF ZÉBIGBOS...

TCHAC!

IL Y A LÀ DES HOMMES VENUS DE TOUTE LA BRETAGNE, UNIS PAR LEUR AMOUR DE LA LIBERTÉ. PARMI EUX, DES HIBERNIENS ET DES CALÉDONIENS...

O'TORINOLARINGOLOGIX ET MOI-MÊME AVONS ÉTÉ CONVOQUÉS PAR LE CHEF, JOLITORAX.

OUI, MAC ANOTÉRAPIX, LA SITUATION EST ASSEZ SÉRIEUSE. PLUTÔT.

EN EFFET...

NOUS NE POURRONS PLUS TENIR BIEN LONGTEMPS CONTRE LES ROMAINS. IL NOUS FAUT DE L'AIDE.

MERCI. PAS DE SUCRE. DU LAIT. UN NUAGE.

J'AI UN COUSIN GERMAIN QUI HABITE EN GAULE. SON VILLAGE RÉSISTE DEPUIS LONGTEMPS AUX ROMAINS. IL PARAÎT QUE C'EST GRÂCE À UNE POTION MAGIQUE QUI LEUR DONNE UNE FORCE SURHUMAINE.

JOLITORAX ! VA EN GAULE VOIR TON COUSIN ET RAPPORTE-NOUS DE LA POTION MAGIQUE. C'EST NOTRE DERNIER ESPOIR.

AOH. CELA ME PERMETTRA DE REVOIR MON CHER COUSIN ASTÉRIX : JE NE L'AI PAS VU DEPUIS LONGTEMPS. QUOI ?

JE PORTE UN TOAST AU SUCCÈS DE CETTE MISSION !

DÈS LA NUIT VENUE...

BONNE CHANCE, ET TOUTE CETTE SORTE DE CHOSES...

... L'HABILE JOLITORAX PARVIENT À SE GLISSER À TRAVERS LES LIGNES ROMAINES...

CETTE NUIT, ON EST TRANQUILLES : IL N'Y A PAS DE BROUILLARD, ILS NE VONT PAS ESSAYER DE SORTIR CES BRETONS.

... ET À ATTEINDRE LA CÔTE POUR S'EMBARQUER À BORD D'UN FRÊLE ESQUIF, EN DIRECTION DE LA GAULE.

JOLITORAX A ÉTÉ ÉLEVÉ DANS LA TRIBU DES CAMBRIDGES QUI SONT, AVANT TOUT, D'EXCELLENTS RAMEURS.

TCHAC! TCHAC!

9

DANS CE TONNEAU, IL Y A DE QUOI DONNER DE LA FORCE À TOUTE TA TRIBU, ET DES SOUCIS À TOUS LES ROMAINS.

JE SUIS TRÈS RECONNAISSANT À VOUS, DRUIDE PANORAMIX...

MAIS COMMENT VAIS-JE FAIRE, TOUT SEUL, POUR EMPORTER CE GRAND TONNEAU EN BRETAGNE ?

ÉVIDEMMENT, TU POURRAIS BOIRE DE LA POTION POUR AVOIR LA FORCE DE PORTER LE TONNEAU MAIS CE SERAIT BÊTE D'UTILISER LA POTION POUR ÇA.

PLUTÔT.

TU PENSES À CE QUE JE PENSE, OBÉLIX ?

OH OUI, ASTÉRIX ! PUISQUE LES ROMAINS SONT EN BRETAGNE, ALLONS RIGOLER EN BRETAGNE.

EH BIEN, JOLITORAX, SI NOTRE CHEF LE PERMET, NOUS IRONS AVEC TOI EN BRETAGNE.

MERVEILLEUX !... MAIS JE NE VOUDRAIS PAS ÊTRE UN ENNUI POUR VOUS.

TIENS ! VOICI LE CHEF.

JE SUIS D'ACCORD, ASTÉRIX, POUR QUE VOUS ALLIEZ FAIRE UN DÉBARQUEMENT EN BRETAGNE... IL RESTE SI PEU DE ROMAINS DANS NOTRE RÉGION, QUE NOUS POUVONS NOUS PASSER DE VOUS QUELQUE TEMPS.

JE DIS ! ÇA, C'EST UN MORCEAU DE CHANCE !

NOUS ALLONS REVOIR LES ROMAINS ! NOUS ALLONS REVOIR LES ROMAINS ! TRALALA !

OUAH ! OUAH !

ATTENDEZ. JE VAIS VOUS REMPLIR DES GOURDES DE POTION POUR LE VOYAGE.

QUELLES SONT CES HERBES ÉTRANGES, PANORAMIX ?

CE SONT DES HERBES QUI VIENNENT DE TRÈS LOIN. JE NE SAIS PAS ENCORE À QUOI ELLES SERVENT. TU PEUX EN PRENDRE SI ÇA T'AMUSE.

LE BROUILLARD SE LÈVE POUR RÉVÉLER UN TRISTE SPECTACLE...

PITIÉ! PITIÉ! PITIÉ! PITIÉ! PITIÉ! PITIÉ! PITIÉ! PITIÉ! PITIÉ!

HOP!

BIEN. ILS SONT PARTIS. MAINTENANT, QU'ON METTE LE BATEAU EN ORDRE ET QU'ON N'EN PARLE PLUS. HMM?

♪♪ ♪

PARLONS-EN, AU CONTRAIRE! CES IRRÉDUCTIBLES GAULOIS VONT EN BRETAGNE ET ILS TRANSPORTENT UN TONNEAU DE POTION MAGIQUE! JE LES AI ENTENDUS! IL FAUT PRÉVENIR NOS CHEFS EN BRETAGNE!

RE... RETOURNER EN BRETAGNE?!

TOUT... TOUT ÇA POUR UN PEU DE POTION MAGIQUE?... ET PUIS, EST-CE QU'ON N'EXAGÈRE PAS UN PEU LA PUISSANCE DE CETTE POTION?

OH NON, CAPITAINE!

BON, BON, ALEA JACTA EST, NOUS RETOURNONS EN BRETAGNE.

BING!

PENDANT CE TEMPS, NOS AMIS APPROCHENT DE LA CÔTE BRETONNE...

IL Y A SOUVENT DU BROUILLARD COMME ÇA, CHEZ VOUS?

BONTÉ, NON! SEULEMENT QUAND IL NE PLEUT PAS.

PEU APRÈS...

TU SAIS CE QUI SERAIT BIEN, ASTÉRIX? CE SERAIT UN TUNNEL POUR ALLER DE LA GAULE EN BRETAGNE. COMME ÇA, ON VOYAGERAIT À L'ABRI DE LA PLUIE ET DU BROUILLARD.

ON EN PARLE CHEZ NOUS, DE CE TUNNEL; ON A MÊME COMMENCÉ À LE CREUSER. MAIS ÇA RISQUE D'ÊTRE ASSEZ LONG. PLUTÔT.

JE VAIS VOUS CONDUIRE VERS UNE AUBERGE AMIE, OÙ VOUS PRENDREZ VOTRE PREMIER BRETON REPAS.

ENFIN ! JE COMMENÇAIS À AVOIR UN APPÉTIT GROS.

J'ESPÈRE QU'ILS ONT DU SANGLIER !

TU N'AS PAS VU L'ENSEIGNE ?

ÇA NE VEUT RIEN DIRE. J'AI CONNU UNE AUBERGE QUI S'APPELAIT : " AU BON ACCUEIL " ET...

CHUT, OBÉLIX !

HELLO, PATRON !

BONTÉ ! C'EST JOLITORAX !

BSSBSSBSS BSSBSSBSS

JE DIS !

JOLITORAX M'APPREND QUE VOUS ÊTES DES AMIS. JE SUIS HEUREUX DE SECOUER VOS MAINS... JE VAIS VOUS SERVIR UN BON REPAS.

MAIS APRÈS, IL FAUDRA PARTIR. LES ROMAINS SURVEILLENT DE PRÈS L'HEURE DE FERMETURE DES AUBERGES.

TROIS CERVOISES, EN ATTENDANT, PATRON.

BEUH...

ELLES NE SONT PAS ASSEZ TIÈDES, PEUT-ÊTRE ? JE PEUX LES FAIRE CHAMBRER...

À TABLE ! LE SANGLIER EST SERVI !

AAAAAH !

C'EST ÇA LE RIEUR SANGLIER ?... IL N'Y A PAS DE QUOI RIRE !

OBÉLIX, MANGE ET NE FAIS PAS DE COMMENTAIRES ! EN BRETAGNE, IL FAUT FAIRE COMME LES DRETONG !

MAIS, BOUILLI AVEC DE LA SAUCE À LA MENTHE, ASTÉRIX !... PAUVRE BÊTE !...

ÇA VA ÊTRE L'HEURE DE FERMER, AUBERGISTE ! SERS-NOUS DES CERVOISES EN ATTENDANT !

BONG !

OUI, OUI... JE DISAIS JUSTEMENT À CES MESSIEURS QU'IL ÉTAIT TEMPS DE PARTIR.

HEP ! VOUS, LÀ-BAS ! UN INSTANT, PAR JUPITER ! QUE TRANSPORTEZ-VOUS DANS CE TONNEAU ?

DE... DE LA CERVOISE TIÈDE.

AH... JE PENSAIS QUE C'ÉTAIT UN PETIT VIN GAULOIS... JE L'AURAIS CONFISQUÉ... MAIS DE LA CERVOISE TIÈDE... BON, PARTEZ !

?

12A

COMBIEN ÉTRANGE ! IL NE SEMBLE PAS AIMER LA CERVOISE TIÈDE !

CROYEZ-VOUS !

ILS SONT FOUS, CES ROMAINS !

LE RIEUR SANGLIER

ÉLOIGNONS-NOUS VITE ! IL Y A DES GARNISONS IMPORTANTES LE LONG DE LA CÔTE. NOUS DEVONS NOUS RENDRE À LONDINIUM*, C'EST UNE GRANDE VILLE ET NOUS Y AVONS DES AMIS.

* LONDRES

PENDANT CE TEMPS, DANS L'AUBERGE DU " RIEUR SANGLIER ".

DÉCURION !

?

TCHOC.

UN MESSAGE DU PRÉFET : TOUTES LES GARNISONS DOIVENT ÊTRE EN ALERTE ! ON RECHERCHE DE DANGEREUX IRRÉDUCTIBLES ! UN BRETON ET DEUX GAULOIS !

PAR MERCURE !

ILS TRANSPORTENT UNE ARME SECRÈTE DANS UN TONNEAU !

LA CERVOISE TIÈDE !!!

PAF !

CLAC !

NON, ÇA C'EST UNE ARME CONNUE. IL S'AGIRAIT PLUTÔT D'UNE POTION MAGIQUE.

12B

16

AVEC 2 000 ANS DE SOINS, JE PENSE QUE MON GAZON SERA FORT ACCEPTABLE.

CLIP!CLOP! CLIP!CLOP! CLIP!CLOP!

BROUMBROUM! BROUMBROUM!

?!

LONDINIUM. LE PALAIS DU GOUVERNEUR ROMAIN...

... DANS LE BUREAU DUQUEL L'AMBIANCE N'EST PAS À LA FÊTE !

ILS ONT RÉUSSI À PASSER ENTRE NOS PATROUILLES, ILS SE DIRIGENT VERS LONDINIUM, Ô CAÏUS ROIDEPRUS.

IL FAUT LES CAP... PAR JUNON ! ET S... IL ME FAUT LEUR T... DE POTION MAG...

JE DIS ! CECI EST CHOQUANT !

BROUMBROUM BROUMBROUM!

NOUS LES TENONS ! ILS SONT CERNÉS !

ILS VONT SANS DOUTE SE RÉFUGIER DANS UNE AUBERGE. FOUILLEZ TOUTES LES AUBERGES ET CONFISQUEZ TOUS LES TONNEAUX...

ET SI VOUS NE TROUVEZ PAS, JE VOUS FAIS BOUILLIR ET SERVIR AUX LIONS AVEC DE LA SAUCE À LA MENTHE !!!

MAIS C'EST HORRIBLE, ÇA !

OUI, PAUVRES BÊTES !

PENDANT CE TEMPS, DANS UN PETIT BOIS, TOUT PRÈS DE LONDINIUM...

LES ENTRÉES DE... VILLE DOIVENT Ê... GARDÉES... NO... ATTENDRONS L... BROUILLARD POU... PÉNÉTRER.

?!?

TCHRRRRR

JE DIS, MESSIEURS, IL EST INTERDIT DE MARCHER SUR LE GAZON.

PAR JUPITER, BRETON ! TU T'OPPOSES À LA MARCHE DES REPRÉSENTANTS DE ROME ?

MAIS ÇA PEUT PRENDRE DU TEMPS, ÇA !

AOH, NON. LE BROUILLARD TOMBE ASSEZ VITE EN CETTE...

... SAISON.

ILS SONT FOUS CES BRETONS !

J'ALLAIS LE DIRE ASTÉRIX !

ALLONS-Y !

MON JARDIN EST PLUS PETIT QUE ROME, MAIS MON PILUM EST PLUS SOLIDE QUE VOTRE STERNUM.

ILS NE NOUS SUIVENT PAS ! LONDINIUM EST ENCORE LOIN ?

NON, QUELQUES PIEDS... LES ROMAINS MESURENT LES DISTANCES EN PAS, NOUS EN PIEDS.

EN PIEDS ?

IL FAUT SIX PIEDS POUR FAIRE UN PAS.

ILS SONT FOUS CES BRETONS !

TOC! TOC! TOC!

PEU APRÈS...

NOUS Y SOMMES !

MAIS IL Y A UNE ÉMEUTE LÀ-BAS !

NON. VOUS AVEZ UN MORCEAU DE CHANCE CE SONT DES BARDES TRÈS POPULAIRES CHEZ NOUS !

SI ASSURANCETOURIX VOYAIT ÇA !

LONDINIUM. LE PALAIS DU GOUVERNEUR ROMAIN...

... DANS LE BUREAU DUQUEL L'AMBIANCE N'EST PAS À LA FÊTE !

ILS ONT RÉUSSI À PASSER ENTRE NOS PATROUILLES. ILS SE DIRIGENT VERS LONDINIUM, Ô CAÏUS ROÏDEPRUS.

IL FAUT LES CAPTURER, PAR JUNON ! ET SURTOUT, IL ME FAUT LEUR TONNEAU DE POTION MAGIQUE !

ILS VONT SANS DOUTE SE RÉFUGIER DANS UNE AUBERGE. FOUILLEZ TOUTES LES AUBERGES ET CONFISQUEZ TOUS LES TONNEAUX...

ET SI VOUS NE TROUVEZ PAS, JE VOUS FAIS BOUILLIR ET SERVIR AUX LIONS AVEC DE LA SAUCE À LA MENTHE !!!

MAIS C'EST HORRIBLE, ÇA !

OUI, PAUVRES BÊTES !

PENDANT CE TEMPS, DANS UN PETIT BOIS, TOUT PRÈS DE LONDINIUM...

LES ENTRÉES DE LA VILLE DOIVENT ÊTRE GARDÉES... NOUS ATTENDRONS LE BROUILLARD POUR Y PÉNÉTRER.

MAIS ÇA PEUT PRENDRE DU TEMPS, ÇA !

AOH, NON. LE BROUILLARD TOMBE ASSEZ VITE EN CETTE...

... SAISON.

ILS SONT FOUS CES BRETONS !

J'ALLAIS LE DIRE ASTÉRIX !

ALLONS-Y !

PEU APRÈS...

NOUS Y SOMMES !

MAIS IL Y A UNE ÉMEUTE LÀ-BAS !

NON. VOUS AVEZ UN MORCEAU DE CHANCE : CE SONT DES BARDES TRÈS POPULAIRES CHEZ NOUS !

SI ASSURANCETOURIX VOYAIT ÇA !

LÀ, NOUS AVONS DES AMIS.

LA GAULOISE AMPHORE

SPÉCIALITÉ DE VINS GAULOIS

POM POM POM POM... POM POM POM POM !

AH, JOLITORAX ET LES GAULOIS ! VOUS POUVEZ ENTRER. IL N'Y A PAS DE ROMAINS.

SALUT RELAX.

VOUS ÊTES RECHERCHÉS PAR LES ROMAINS. IL VAUT MIEUX ATTENDRE QUE CESSE L'AGITATION, EN RESTANT CACHÉS À LONDINIUM. VOUS POURSUIVREZ PLUS TARD VOTRE VOYAGE VERS LE DISSIDENT VILLAGE.

JE VAIS CACHER VOTRE TONNEAU DANS MA CAVE PARMI LES TONNEAUX DE VIN GAULOIS.

PEU APRÈS...

QU'EST-CE QUE JE VOUS SERS POUR ARROSER LE SANGLIER BOUILLI ? DE L'EAU CHAUDE, DE LA CERVOISE TIÈDE, OU DU VIN ROUGE GLACÉ ?

C'EST MA TOURNÉE, BIEN SÛR.

À PROPOS, QUEL GENRE DE MONNAIE UTILISEZ-VOUS, ICI ?

AOH, C'EST TRÈS SIMPLE VRAIMENT...

NOUS AVONS DES LINGOTS DE FER QUI PÈSENT UNE LIVRE ET QUI VALENT TROIS SESTERCES ET DEMI, PLUS QUATRE PIÈCES DE ZINC QUI VALENT UNE PIÈCE ET DEMIE DE CUIVRE CHACUNE. LES SESTERCES VALENT DOUZE PIÈCES DE BRONZE ET...

ILS SONT...

BOIS TA CERVOISE, ELLE VA REFROIDIR.

?!?

AU NOM DE CÉSAR, OUVREZ !

POM POM ! POM !

LA NUIT, LES RUES SONT OCCUPÉES SEULEMENT PAR LES ROMAINES PATROUILLES. IL VOUS FAUDRA ATTENDRE DEMAIN POUR AGIR.

EH BIEN, NOUS EN PROFITERONS POUR NOUS REPOSER.

UN PEU PLUS TARD, LA NUIT TOMBÉE, UN ÉTRANGE SPECTACLE SE DÉROULE DEVANT LE PALAIS DU GOUVERNEUR.

TOUS LES TONNEAUX QUI SE TROUVAIENT DANS LES AUBERGES DE LA VILLE SONT CONFISQUÉS ET SE TROUVENT DANS LES CAVES DU PALAIS, Ô CAIUS ROIDEPRUS !

PARFAIT ! ET MAINTENANT, QUE TOUS LES HOMMES SE METTENT À GOÛTER LE CONTENU DES TONNEAUX...

PEUT-ÊTRE AURONS-NOUS AINSI LA CHANCE DE TROUVER PARMI EUX LE TONNEAU DE POTION MAGIQUE... EXÉCUTION !

ET DANS LES CAVES DU PALAIS, IL NOUS EST DONNÉ D'ASSISTER À NOUVEAU À CE SPECTACLE PRODIGIEUX : LA LÉGION ROMAINE EN TRAIN DE MANŒUVRER !

À MON COMMANDEMENT ! CHAQUE LÉGIONNAIRE FACE À UN TONNEAU ! CELUI QUI TROUVERA QUE LE LIQUIDE CONTENU A UN DRÔLE DE GOÛT, LE SIGNALERA ! DE L'ORDRE ! DE LA DISCIPLINE !...

PERRR... CEZ TONNEAUX !

TCHAC!

BU...

... VEZ !

ET N'OUBLIEZ PAS DE METTRE UNE CROIX SUR LE TONNEAU AUQUEL VOUS VENEZ DE GOÛTER... MAINTENANT, JE VOUS LAISSE CONTINUER LA MANŒUVRE !

ET LA MANŒUVRE SE POURSUIT DANS L'ORDRE ET LA DISCIPLINE...

FLOUF!

... PENDANT DES HEURES...

HIPS !

... SCUSEZ-MOI !

... ET DES HEURES.

HIPS !

HIPS !

HIPS !

HIPS !

HIPS !

BANG.

CLAUDIUS LAPSUS ! TU AS DÉJÀ GOÛTÉ À CE... HIPS !... TONNEAU !

CH'EST QUE J'VEUX ÊTRE SÛR QUE CE N'EST PAS D'LA POCHION MAGI... HIPS !... MAGIQUE !

BIENTÔT, LA BELLE ORDONNANCE DU DÉBUT N'EST PLUS QU'UN SOUVENIR.

CHE TONNEAU... HIPS !... ON N'Y A PAS ENCORE GOÛTÉ...

GLOU! GLOU! GLOU!

♪ VIVE LA ROME VIVE LA ROME, VIVE L'AROOOOME DU BON VIN ! ♪

QUI QUI VEUT CH'BATTRE ? HEIN ?... QUI VEUT CH'BATTRE ?...

GLOUP! GLOUP! GLOUP!

LAICHE-MOI GOÛTER.

TOUCHE PAS !... CH'EST TON MONNEAU !... MEAU TONNON... TEAU...HIPS !

... ET PUIS ZUT !

HIPS!

?!?!

EH !... VIENS UN PEU ICI, TOI !

- HiPS !... VOUI ?

SPLATCH!

HIHIHIHI!

AU PETIT MATIN...

ALLONS ESSAYER DE RÉCUPÉRER LA MAGIQUE POTION'S TONNEAU. RELAX NOUS PRÊTE SA CHARRETTE. C'EST UN JOYEUX BON GARÇON.

C'EST ÉTRANGE, CES CHARS À DEUX ÉTAGES...

ILS SONT DESTINÉS AU TRANSPORT PUBLIC... EN HOMMAGE À L'EMPIRE ROMAIN, ON LES APPELLE DES IMPÉRIALES.

ET CES PETITS TOITS PORTATIFS ?

ÇA, C'EST POUR ÉVITER QUE LE CIEL NE NOUS TOMBE SUR LA TÊTE.

IL EST TROP CHER MON MELON ?!?

IL EST !

TU AS VU, ASTÉRIX ? CE LONDINIEN EST COIFFÉ D'UN MELON !

NOUS APPROCHONS DU PALAIS.

COMMENT ALLONS-NOUS FAIRE POUR PASSER LES SENTINELLES ?

NOUS N'AVONS PAS LE TEMPS DE FINASSER, PAR TOUTATIS ! SI ELLES NOUS EMPÊCHENT D'ENTRER, NOUS LEUR DONNONS DES BAFFES !

ÇA C'EST UN TRÈS BON PLAN !

TAP ! TAP ! TAP !

MAIS LES SENTINELLES ONT UN PEU PERDU DE LEUR RIGIDITÉ COUTUMIÈRE...

HIPS !

GLOU GLOUGLOU

ÇA VA PRENDRE TROP DE TEMPS DE GOÛTER À TOUS CES TONNEAUX. IL NE FAUT PAS S'ATTARDER DANS LE PALAIS ; C'EST DANGEREUX !

CH'EST DANGEREUX... HIPS !... MAIS CH'EST BON !

OBÉLIX ! TU N'AS PAS HONTE ? ARRÊTE DE BOIRE, ET AIDE-MOI À TRANSPORTER TOUS CES TONNEAUX DANS LA CHARRETTE QUI NOUS ATTEND !

VITE ! NOUS AVONS PLUSIEURS VOYAGES À FAIRE !

PEU APRÈS...

TOUS LES TONNEAUX SONT DANS LA CHARRETTE. ALLONS-Y, JOLITORAX, ET ESSAYONS DE NE PAS NOUS FAIRE REMARQUER !

TCHIC ! TCHIC !

ILS ONT DES TONNEAUX RONDS, VIVE LA BRETAGNE...

...ILS ONT DES TONNEAUX RONDS, VIVENT LES BRETONS !

OBÉLIX ! TAIS-TOI ! TU VAS NOUS FAIRE REMARQUER !

BOUHOUHOU ! TU NE M'AIMES PAS ASTÉRIX ! BOUHOUHOU !

MAIS SI, JE T'AIME OBÉLIX... MAIS TU VAS ATTIRER LES PATROUILLES ROMAINES...

MOI JE T'AIME, ASTÉRIX, ET SI UNE... HIPS ! PATROUILLE ESSAIE DE TE FAIRE DU MAL... HIPS ! TU VERRAS !!!

AOH. UNE ROMAINE PATROUILLE !

27

ALLONS DÉPOSER OBÉLIX DANS L'AUBERGE DE RELAX. APRÈS, NOUS RECHERCHERONS LA CHARRETTE !

PEU APRÈS...

LA GAULOISE AMPHORE

SPÉCIALITÉ DE VINS GAULOIS

NOUS DEVONS RETROUVER NOTRE TONNEAU DE POTION !

NOUS DEVONS !

PENDANT CE TEMPS, DANS LA COUR DU PALAIS DU GOUVERNEUR...

LÉGIONNAIRES ! JE NE SUIS PAS FIER DE VOUS ! VOUS VOUS ÊTES CONDUITS COMME DES BARBARES ET DES DÉCADENTS ! SI JULES CÉSAR APPREND ÇA, UN FESTIN SE PRÉPARE POUR LES LIONS DU CIRQUE MAXIME !

COMPRIS ?

QU'ON ME MANGE, MAIS QU'ON CESSE DE CRIER...

LES SEULS TONNEAUX QUI ONT DISPARU SONT CEUX DE L'AUBERGISTE RELAX !

EH BIEN, QUE L'ON FOUILLE CETTE AUBERGE ET QUE L'ON ARRÊTE TOUS CEUX QUI S'Y TROUVENT !!!

NOUS ALLONS CHERCHER LES GAULOIS.

NOUS, NOUS LES AVONS TROUVÉS.

28

ÇA FAIT DES HEURES QUE NOUS PARCOURONS LONDINIUM... IMPOSSIBLE DE TROUVER CETTE CHARRETTE !

C'EST COMME CHERCHER UNE AIGUILLE DANS DU FOIN EN BOTTES !

OH ! L'AUBERGE DE RELAX !!!

MA BONTÉ !!!

LA GAULLOISE AMPHORE

QUE S'EST-IL PASSÉ ?

LES ROMAINS SONT VENUS, ILS ONT TOUT FOUILLÉ, TOUT CASSÉ ET ILS SONT PARTIS AVEC DEUX PRISONNIERS : RELAX ET UN GROS QUI DORMAIT AVEC DES CASQUES SUR LE VENTRE.

MON OBÉLIX PRISONNIER DES ROMAINS !

COURAGE, ASTÉRIX ! GARDEZ VOTRE LÈVRE SUPÉRIEURE RIGIDE !

OISE MPHORE

NOUS LES RETROUVERONS ! OBÉLIX ET LA POTION MAGIQUE, PAR TOUTATIS !

PAF !

25ᴬ

OÙ PEUVENT-ILS LES AVOIR EMMENÉS ?

À LA LONDINIUM TOUR, JE PENSE. C'EST LA PRISON LA PLUS SÛRE DE LA VILLE ! IL N'Y A QUE DEUX PORTES, ET ELLES SONT BIEN GARDÉES.

CROAAA!

CROAÀA!

CROAAA!

LA SINISTRE TOUR DE LONDINIUM !

ET DANS UN CACHOT, TOUT EN HAUT DE LA TOUR...

OÙ... OÙ SUIS-JE ?

À LONDINIUM TOUR... J'AI BIEN PEUR QUE NOTRE COMPTE SOIT BON.

EH BIEN, BUVONS CE QU'IL NOUS RESTE DE POTION MAGIQUE ET ALLONS-Y !

POP !

MAIS MÊME S'ILS NOUS FONT BOUILLIR AVEC DE LA SAUCE À LA MENTHE, NOUS NE PARLERONS PAS !

NE CRIONS PAS, SURTOUT !

25ᴮ

JE VOUS CONDUIS CHEZ UN DE MES COUSINS AUBERGISTE COMME MOI. IL S'APPELLE SURTAX. PEUT-ÊTRE POURRA-T-IL NOUS AIDER.

JOYEUSE BONNE IDÉE.

RELAX, MON COUSIN ! JE SUIS FOLLEMENT HEUREUX DE VOUS VOIR. J'AI APPRIS VOTRE ARRESTATION PAR LES ROMAINS. J'ÉTAIS EN DEHORS DE MES ESPRITS AVEC L'INQUIÉTUDE !

JE SUIS FOLLEMENT HEUREUX AUSSI, SURTAX !

ARRÊTONS LÀ LES EFFUSIONS. J'AI QUELQUE CHOSE À VOUS MONTRER.

UN HOMME LOUCHE, BIEN QUE BRETON, EST VENU ME VENDRE UN TONNEAU MARQUÉ À VOTRE NOM.

?!?!?

RELAX

C'EST UN DES TONNEAUX VOLÉS !

MAIS HÉLAS ! CE N'EST PAS DE LA POTION MAGIQUE.

J'AI FAIT SUIVRE CET HOMME. J'AI SON ADRESSE : ALLÉE DU PARC, N° LVII.

BON GARÇON !

C'EST LOIN, ÇA ?

ASSEZ.

VOUS FERIEZ MIEUX DE MANGER UN PEU DE SANGLIER BOUILLI AVANT DE PARTIR.

ALLONS CHERCHER LE VOLEUR TOUT DE SUITE !

UN PEU PLUS TARD...

NOUS Y VOICI...

IL NE RESTE QU'À CHERCHER LE N° LVII.

C'EST UNE CHANCE D'AVOIR LE NUMÉRO. LA DESCRIPTION DE LA MAISON N'AURAIT PEUT-ÊTRE PAS SUFFI.

28

NOUS ALLONS VISITER TOUS LES AUBERGISTES DONT LES NOMS FIGURENT SUR CETTE LISTE... ILS ONT TOUS ACHETÉ LES TONNEAUX VOLÉS, ET L'UN D'EUX EST EN POSSESSION DE LA POTION MAGIQUE !

PEU APRÈS...

MESSIEURS ?

AVEZ-VOUS ACHETÉ DES TONNEAUX DE VIN MARQUÉS AU NOM DE RELAX ?

UN TONNEAU, OUI. LES ROMAINS ONT CONFISQUÉ TOUS LES AUTRES TONNEAUX QUE JE POSSÉDAIS. QUE PRENDREZ-VOUS ?

UNE COUPE DE VIN.

UNE COUPE POUR TROIS ? VOUS ÊTES CALÉDONIENS,* JE PRÉSUME ?

*ÉCOSSAIS.

OUI, C'EST BIEN DU VIN.

SNIFF! SNIFF! SNIFF! SNIFF! SNIFF! SNIFF!

BONTÉ GRACIEUSE ! BIEN SÛR QUE C'EST DU VIN ! VOUS POUVEZ LE BOIRE EN TOUTE CONFIANCE.

NON, MERCI. C'ÉTAIT POUR VOIR SEULEMENT.

AUBERGE DE L'ANGLE

CE SONT EUX !

ON Y VA ?

NON ! JE VEUX SAVOIR CE QU'ILS FAISAIENT DANS CETTE AUBERGE !

ILS VOULAIENT VOIR MON VIN ! VOUS AVEZ DE DRÔLES DE COUTUMES SUR LE CONTINENT !

ÉTRANGE, EN EFFET...

J'AI COMPRIS, PAR JUPITER ! LES GAULOIS ONT ÉGARÉ LEUR TONNEAU ET ILS LE CHERCHENT ! NOUS N'AVONS QU'À LES SUIVRE, ILS NOUS CONDUIRONT JUSQU'À LA POTION MAGIQUE !

31

NOUS AVONS VISITÉ PRESQUE TOUTES LES AUBERGES DE LA LISTE, SANS RÉSULTAT... ESSAYONS ENCORE ICI.

JE N'AI JAMAIS VU AUTANT DE VIN.

VOIR UN PETIT COUP C'EST AGRÉABLE, MAIS À LA LONGUE, C'EST MONOTONE.

OUI, J'AI ACHETÉ UN TONNEAU DE VIN GAULOIS, MAIS JE L'AI REVENDU AUX JOUEURS DE L'ÉQUIPE DE CAMULODUNUM : ILS RENCONTRENT DUROVERNUM DEMAIN, VOUS SAVEZ, BIEN SÛR.

DE QUOI PARLE-T-IL ?

AOH. C'EST UN JEU QUI NOUS PASSIONNE, NOUS, BRETONS. IL SE JOUE AVEC UNE CALEBASSE ET TRENTE BRETONS, PARTAGÉS EN DEUX ÉQUIPES DE XV.

UNE RENCONTRE COMPTANT POUR LE TOURNOI DES CINQ TRIBUS DOIT AVOIR LIEU DEMAIN, PRÈS DE LONDINIUM.

JE SUIS FIER D'AVOIR VENDU MON TONNEAU AUX JOUEURS DE CAMULODUNUM...

ALLEZ, CAMULODUNUM !!!

TOC!TOC!TOC!

J'ESPÈRE QUE LE VIN EST BON ET QU'IL LES AIDERA À OBTENIR LA VICTOIRE, JE DIS !

SI C'EST LE TONNEAU QUE JE CROIS, ILS NE PEUVENT PAS PERDRE !

LE LENDEMAIN, NOS AMIS SE DIRIGENT VERS LE STADE OÙ DOIT AVOIR LIEU LA RENCONTRE ENTRE LES ÉQUIPES DE CAMULODUNUM ET DUROVERNUM.

IL Y A DU MONDE !

OUI. CE JEU EST ASSEZ POPULAIRE. PLUTÔT.

VIVE DUROVERNUM

ALLEZ DUROVERNUM

VIVE CAMULO

ALLEZ CAMULODUNUM

VIVE CAMUL

VIVE CAMULODURUM

AL DUROVERN

CE QUI M'INQUIÈTE, C'EST QUE LES ROMAINS NE NOUS DÉRANGENT PAS.

PEUT-ÊTRE QU'ILS EN ONT EU ASSEZ DE SE FAIRE TAPER DESSUS. BEAUCOUP DE GENS SONT COMME ÇA : ON LEUR TAPE DESSUS, ET ILS EN ONT ASSEZ.

MAIS LES ROMAINS NE SONT PAS LOIN !

BON ! C'EST COMPRIS, PAR MERCURE ? VOUS VOUS MÊLEZ À LA FOULE ET VOUS OUVREZ L'ŒIL !

LE DÉCURION A DIT : EN CIVIL, IMBÉCILE !

ET ALORS ? JE NE SUIS PAS EN CIVIL ?

32

NOUS VOULONS VOIR L'ÉQUIPE DE CAMULODUNUM !

FAITES COMME TOUT LE MONDE : ALLEZ ACHETER VOS BILLETS. POUR LE MÊME PRIX, VOUS VERREZ LES DEUX ÉQUIPES, MON BON AMI.

QUI N'A PAS SA SAUCE À LA MENTHE ?!

CERVOISE BIEN TIÈDE !

EAU CHAUDE ! EAU CHAUDE !

ACHETEZ LES FANIONS ET INSIGNES DE VOS FAVORITES ÉQUIPES !

?!?

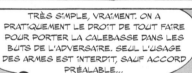

JE DIS. VOICI NOS PLACES.

EXPLIQUE-NOUS LA RÈGLE DU JEU, JOLITORAX.

VIVE CAMULODUNUM

VIVE DUROVERNUM

OUiiiiiiiN! GNiiiiiNNN!

BOUM! BOUM!

TRÈS SIMPLE, VRAIMENT. ON A PRATIQUEMENT LE DROIT DE TOUT FAIRE POUR PORTER LA CALEBASSE DANS LES BUTS DE L'ADVERSAIRE. SEUL L'USAGE DES ARMES EST INTERDIT, SAUF ACCORD PRÉALABLE...

... VOICI LES BARDES CALÉDONIENS...

VOICI L'OIE SACRÉE DE L'ÉQUIPE DE CAMULODUNUM...

ALLEZ CAMULODUNUM !

... VOICI LA POULE DE DUROVERNUM...

VIVE DUROVERNUM !

ET VOICI LES JOUEURS !!!

33

39

JE DIS, VIEIL HOMME, C'EST BIEN TOI QUI M'AS PIÉTINÉ LA FIGURE, N'EST-IL PAS ?

ESSAYONS DE CONSERVER NOTRE CALME. CECI N'EST QU'UN JEU, ET TOUTE CETTE SORTE DE CHOSES.

¡PIPOURAX A MARQUÉ UN ESSAI. MAINTENANT, IL VA TÂCHER DE RÉUSSIR LA TRANSFORMATION !

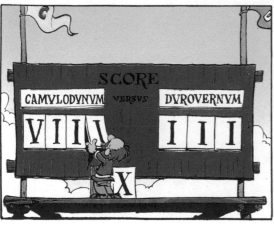

C'EST BIEN LA POTION MAGIQUE. ALLONS-Y !

CORNE DE BOUC GARÇON ! QUI T'A PERMIS D'ABANDONNER TON POSTE DE VIGIE ?

J'AI 'EÇU UNE CALEBASSE SU' LE C'ÂNE !

40

MON TONNEAU!

FALLAIT BIEN QUE JE MARQUE L'ESSAI! ALLEZ GAULE!

TU Y AS MIS LE TEMPS!

VOUS DEVRIEZ LEUR RENDRE LA CALEBASSE POUR QU'ILS PUISSENT CONTINUER À JOUER.

PONNN!

(SOUPIR)

?!?

38 A

À...À...À MOI LA LÉGION!

ET C'EST LA FIN DE LA PARTIE!

SCORE

CAMVLODVNVM VERSUS DVROVERNVM

DCCCIV III

PON!

LES GAULOIS? OÙ SONT LES GAULOIS?

LE GROS, AVEC LE TONNEAU, OÙ EST-IL PAR JUPITER?

JE NE SAIS PAS ET C'EST DOMMAGE, PARCE QU'ON LUI SIGNERAIT TOUT DE SUITE UN CONTRAT! QUEL PILIER!

38 B

PAR OÙ ALLONS-NOUS, JOLITORAX ?

LE FLEUVE EST JUSTE DEVANT NOUS. NOUS FUIRONS PAR LÀ !

LES ROMAINS LÉGIONNAIRES NOUS POURSUIVENT !

ON LES ATTEND, ASTÉRIX ?

NON ! PRENONS VITE UN DE CES BATEAUX !

ON LES POURSUIT, DÉCURION ?

CE N'EST PAS LA PEINE ! ILS SONT FAITS COMME DES RATS ! ON A PRÉVU LA FUITE POSSIBLE PAR LE FLEUVE. NOS NAVIRES DE SURVEILLANCE VONT LES ARRÊTER !

EN EFFET...

UNE ROMAINE GALÈRE !!!

RENDEZ-VOUS, PAR JUPITER !!!

JAMAIS, PAR TOUTATIS !!!

JE NE VEUX PAS VOUS JETER LA PIERRE, MAIS VOUS AVEZ TORT...

ENVOYEZ !!!

BANG!

TCHAC!

J'AI FAIT MUSCA !⚜

STCHOUF!

⚜ NOM LATIN DE LA MOUCHE.

NOUS N'AVONS PAS EU LEUR POTION MAGIQUE, MAIS NOUS NOUS SOMMES DÉBARRASSÉS DE CES GAULOIS ! ALLONS ANNONCER LA BONNE NOUVELLE AU GOUVERNEUR CAIUS ROIDEPRUS !

ILS S'ÉLOIGNENT. NOUS POUVONS REGAGNER LA RIVE.

LEUR PROJECTILE EST TOMBÉ EN PLEIN SUR LE TONNEAU DE POTION MAGIQUE !

ILS NE NOUS ONT MÊME PAS LAISSÉ LE TEMPS DE LEUR TAPER DESSUS, CES ROMAINS !

ILS N'ONT PAS ÉTÉ FRANC JEU !

NE SOIS PAS ABATTU, MON BON OBÉLIX. NOUS IRONS AIDER JOLITORAX DANS SON VILLAGE À COMBATTRE LES ROMAINS, MÊME SANS POTION MAGIQUE.

VOUS SEREZ LES BIENVENUS. C'EST UNE SÛRE CHOSE.

SNIFF ! SNIFF.

TAP TAP TAP !

ET AINSI, SANS ÊTRE DÉRANGÉS PAR LES ROMAINS QUI LES CROIENT DISPARUS, NOS TROIS AMIS PARTENT VERS CE PETIT VILLAGE DANS LE CANTIUM, QUI RÉSISTE TOUJOURS À L'ENVAHISSEUR. LA POTION MAGIQUE, ELLE, S'EST DILUÉE DANS LES EAUX GLAUQUES DE LA TAMISE...

... CE QUI AURA POUR CONSÉQUENCE DE FAIRE CONNAÎTRE DES ÉMOTIONS ÉTRANGES AUX PÊCHEURS, CETTE SAISON-LÀ...

JE DIS ! ÇA MORD !

... CAR LES PLUS PETITS POISSONS FONT BOIRE LA TASSE AUX PÊCHEURS...

... CE QUI PERMET AUX PÊCHEURS QUI ONT BU LA TASSE DE RÉDUIRE AU SILENCE LES AUTRES PÊCHEURS AMUSÉS PAR L'INCIDENT.

TCHAC !

QUELQUES JOURS PLUS TARD, NOS AMIS ARRIVENT DANS LE VILLAGE DE JOLITORAX, OÙ ILS SONT ACCUEILLIS PAR LE CHEF ZEBIGBOS ET SES PRINCIPAUX ADJOINTS : O'TORINOLARINGOLOGIX, ET MAC ANOTÉRAPIX...

VOUS AVEZ PU FRANCHIR LES ENNEMIES LIGNES ?

OUI, ILS SEMBLENT TRÈS SÛRS D'EUX-MÊMES. NOUS N'AVONS ÉTÉ INTERPELLÉS QUE PAR UNE SEULE PATROUILLE !

ET POURTANT, JE N'AVAIS PAS LE CŒUR À RIRE.

44

48